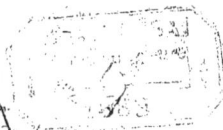

E. MASQUERAY

LA REVUE DE BOOS

INTRODUCTION DE M. ERNEST LAVISSE

ROUEN
SCHNEIDER FRÈRES
LIBRAIRES ÉDITEURS
Rue Jeanne-Darc.

IX :
RANC

IMP. PAUL LEPRÊTRE, ROUEN.

AU

IIIe CORPS D'ARMÉE

E. MASQUERAY

LA REVUE DE BOOS

INTRODUCTION

PAR M. E. LAVISSE

ROUEN

SCHNEIDER FRÈRES, Libraires Editeurs

RUE JEANNE-DARC

—

1888

A la revue de Boos, parmi cent cinquante mille spectateurs de toute condition, il y avait un savant, Emile Masqueray, qui a étudié les vieilles langues et l'antique civilisation de notre Afrique.

Quelle compétence peut bien avoir un savant pour décrire une revue ?

Si le savant est en même temps un patriote et un écrivain, il apercevra dans la revue bien des choses que d'autres ne soupçonnent pas, et qui sont belles, et qui sont grandes.

Masqueray a placé la scène militaire dans la beauté de la Normandie, dans le travail du laboureur qui achève la moisson et de l'ouvrier qui habille une partie du globe. Il l'a encadrée dans l'histoire et dans la gloire du lieu, attestée par la cathédrale de Rouen, « commencée quand « la Normandie donnait des rois à l'Angleterre

« et à la Sicile, » et par le Palais-de-Justice,
« souvenir du temps où les Normands donnaient
« un pilote à Christophe Colomb et disputaient
« aux Portugais la route des Indes. »

L'incomparable beauté du sol natal, l'industrie
de ses enfants, la gloire du passé, c'est bien cela,
c'est tout cela, c'est-à-dire tout ce que nous avons,
tout ce que nous valons et tout ce que nous
sommes, que garde et défend le petit soldat.

Masqueray nous fait voir cette vérité simple-
ment, sans phrases, sans théories, par un effet
d'art très réussi. Il y ajoute cette émotion vrai-
ment humaine, qui mêle au deuil une espérance
et une larme au sourire. Aussi nous a-t-il donné,
avec une description charmante de la revue de
Boos, une haute et touchante leçon de patriotisme.

Ernest LAVISSE.

LA REVUE DE BOOS

Un beau ciel d'automne, blanc et bleu, enveloppe le pays de Boos qui se découpe en cercle sur l'horizon, sans arrière-plan, comme une mer sans rivage. Les champs d'avoine et de blé, rasés de près, sont tout gris ; les betteraves et les trèfles les rayent de bandes vertes ; quelques pommiers s'y suivent clairsemés ; et nous sommes là 150,000 hommes, femmes et enfants réunis pour voir la revue des grandes manœuvres.

Depuis le lever du jour, la route de Rouen, pleine de piétons et de voitures, se dégonfle sur ce plateau comme une artère coupée. Sur toute la longueur de la Seine qui l'enveloppe en contre-bas, des bateaux à vapeur, bondés et couverts d'hommes, se sont vidés à l'entrée de tous les

chemins qui y conduisent. Les ouvriers d'Oissel,
et ceux de Sotteville, et ceux de Saint-Etienne,
ont traversé le fleuve debout, sur des barques
chargées à couler bas. Le peuple est exact au
rendez-vous donné par son armée. Toute la plaine
frémit maintenant du bruissement de sa voix,
tressaille sous ses pieds, scintille des feux de
33,000 sabres ou baïonnettes, et je me perds avec
plaisir dans ce monde sans nom, dans cette force
immense de la foule dont je suis une parcelle,
comme un atome d'air qui se sentirait rouler dans
le vent.

Nous sommes rangés par milliers, et encore par
milliers, debout ou assis sur des bancs, sur des
voitures, sur des meules de fourrage, habillés,
soignés, endimanchés, et les plus pauvres sont les
mieux mis : car ceux-là n'ont pas de demi-tenue.
Des commissaires en cravate blanche assurent
l'ordre sans bruit au milieu des champs comme
dans un salon, et j'entends dire « Monsieur » à
des factionnaires.

Au milieu de nos longues lignes, six tribunes
pavoisées regorgent de spectateurs assis, et sont
bordées d'une frange d'hommes et de femmes

debout. La tribune centrale est plus haute que les
autres : de fortes poutres plantées en terre y
supportent un plancher orné de tentures et de
drapeaux. Là, un homme mince, au visage fin,
impassible, encadré dans une barbe noire, se tient
debout, en avant de quelques autres ; il porte un
nœud de ruban rouge sur la hanche, un peu au-
dessous de son habit, une plaque blanche sur la
poitrine.

Nous le nommons tous : c'est Carnot, et il me
semble qu'il est bien placé là, sans gardes, le
Président de la République, entre 75,000 hommes
à sa droite et 75,000 à sa gauche. Il n'y en avait
pas autant dans le Colisée autour du César de
Rome. Un peu en arrière de lui, de notre côté, se
profilent une tête toute blanche et un corps
également mince. J'entends dire : « Freycinet ».
Du côté opposé, M. Floquet se fait deviner sans
peine ; mais mes voisins confondent le général
Billot avec l'amiral Krantz. Tout le reste, députés,
conseillers généraux, hauts fonctionnaires, est
inconnu.

A cinq cents mètres en face de nous, un groupe
isolé, à cheval, miroite et brille. Nous y distin-
guons le panache blanc et la tunique rouge d'un

officier anglais, l'uniforme blanc d'un Espagnol, un casque à panache jaune fièrement porté, deux petits casques a pointes... Nous nous en tenons là. C'est l'Europe qui nous regarde : qu'elle en prenne tout à son aise. Notre âme ne va pas vers elle : elle se replie sur elle-même et jouit en silence du plus grand honneur qui lui soit encore donné de sentir. Le défilé commence.

Une musique placée à bonne distance joue des marches sur un rythme large, et les premiers bataillons qui passent emplissent nos yeux de larmes. Il semble qu'elle chante un poème, cette musique, un poème sans paroles, mais plus clair, plus haut, plus retentissant que tout Homère, une épopée étincelante, faite de ce soleil qui nous illumine, de ces milliers de baïonnettes qui flamboient, de cette force indomptable qui revit devant nous dans ces soldats qui marchent en si bel ordre, avec tant d'assurance et de discipline. Ceux qui ont gardé au plus profond de leur être, depuis tantôt dix-huit ans, la douleur sourde de l'incurable blessure, sentent, sans le dire, comme un poids qui glisse de leur poitrine, comme une étreinte qui s'ouvre, comme un lien qui se desserre autour de leur cœur.

Là-bas, à droite, tout en travers de la plaine, une raie noire paraît s'enfler et grossir. C'était bientôt une petite muraille rouge et bleue, hérissée de pointes d'acier. Elle s'avance et s'élève comme une marée, sans flexion, sans bruit, au son de notre musique qui semble l'appeler de loin, l'évoquer peu à peu comme l'image d'un rêve.

Voilà le 129e de ligne. Les officiers saluent de l'épée, regardant bien en face la tribune présidentielle où s'incarne l'âme de la Patrie. Dans un espace vide, le drapeau de soie bleu, blanc et rouge, entouré de cinq hommes, passe, tenu droit et haut, comme une relique sacrée. Les petits sous-lieutenants imberbes, raides et crispés, serrent les longues lignes de leurs hommes, et nos yeux plongent dans ces avenues droites, admirablement parallèles, dans ces rues vivantes, irréprochables d'un bout à l'autre, et nous battons des mains, et nous crions : « Vive l'armée ! » sans savoir pourquoi nous applaudissons ceux-là plutôt que les autres. Notre poitrine s'est dégonflée, nos nerfs se sont détendus. Encore une seconde, et nous ne les voyons plus que de dos. Le soleil frappe sur leurs armes et sur leurs ustensiles de campagne. Cette masse de 3,000 hommes, élastique et profonde, va par bonds toujours droit devant elle, et peu à peu se rétrécit, s'amincit comme si elle allait disparaître derrière la courbure de la terre.

Nous détournons la tête, et nous ne la revoyons plus.

Et ils se succèdent ainsi, capotes bleues et pantalons rouges, capotes sombres et pantalons aux lisérés jaunes, lignards, petits chasseurs, génie.

C'est toujours le même plissement lointain qui s'enfle, se creuse en longs sillons devant nous et va se perdre à l'horizon, comme la houle luisante de l'Océan.

Toujours des hommes, des lignes d'hommes et de baïonnettes aiguës qui sortent du néant, nous ravissent au-dessus de nous-mêmes et disparaissent dans le néant.

Toujours ces rythmes puissants qui bercent notre âme en même temps qu'ils assurent leur marche, et toujours la même joie sans cesse renouvelée, de contempler tant de force, tant de courage, tant de vie, et d'en espérer tant.

Comme ils sont vivants, en effet !

Quelle poussée de jeunesse et d'énergie sous ce jeune soleil du matin !

Dans le peuple qui m'entoure je ne vois qu'un immense tableau de la vie qui commence et de la vie qui s'épuise : tout vibre au contraire, dans ces flots luxuriants de soldats qui défilent, alertes, minces et sanglés. C'est notre printemps qui passe. Leurs généraux eux-mêmes, à la tête blanche ceinte d'une broderie d'or, ne sentent plus le poids des ans, emportés en avant d'eux par des chevaux agiles qui allongent leurs jambes fines sur la terre meuble, comme des lévriers.

L'artillerie paraît à son tour dans un ordre merveilleux, sombre et terrible.

Les six chevaux de chaque pièce marchent d'un pas si égal à côté des six chevaux de la pièce voisine que tous les essieux de chaque batterie semblent avoir été soudés ensemble, et que les bouches des canons restent absolument sur la même ligne, malgré les ondulations du terrain. Les servants, assis trois par trois comme les guerriers des temps antiques sur leurs chars de guerre, sont immobiles. En arrière, les caissons s'avancent dans le même ordre, et peu à peu toute la longueur de la piste, depuis le point où la vue commence jusqu'à celui où elle s'arrête, est occupée par ces groupes noirs qui roulent presque sans bruit. On sent là une sûreté de main, une adresse incomparable, et surtout une volonté tenace à laquelle rien n'a résisté. Les hommes qui ont su discipliner ces attelages, et donner tant de justesse aux mouvements de ces colosses de bronze, les manient évidemment comme des jouets d'enfant.

Nous demeurons stupéfaits des progrès qu'ils ont accomplis, et nous nous taisons, admirant, l'esprit traversé par des visions de mort et d'épouvante, le cœur palpitant de revoir si belle la mère des batailles françaises.

Tout à coup, un de nous lève son chapeau dans la direction d'un colonel, et crie à pleine voix : « Merci ! bravo ! » Il déchaîne un tonnerre d'applaudissements jusqu'à l'autre bout des tribunes, et des mains claquent encore quand le dernier caisson s'éloigne.

La plaine est libre un instant, la musique s'est tue ; et voilà qu'une masse très sombre, basse, profonde, vient d'un seul bloc, avec tant d'aplomb et si droit, qu'un frisson avant-coureur fait trembler nos nerfs. Quelque obstacle qu'elle rencontre, nous sentons qu'il faut qu'elle passe.

Presque tous les spectateurs des tribunes se sont levés, le cou tendu vers elle, et un murmure vole sur leurs lèvres : « l'infanterie de marine. » Elle arrive à la hauteur du Président, salue et défile devant une explosion de vivats.

Bazeilles, le Tonkin, Madagascar, les Antilles, la défense intrépide du sol de la Patrie, l'expansion de sa puissance sur le globe, les premières balles et les premières fièvres, tous les genres de morts et tous les genres de gloire, voilà le lot de ces deux régiments qui s'en vont du pas cadencé des vieilles troupes, aussi fermes que les « tercios » des rois d'Espagne. Les deux Frances, celle de la frontière et celle du dehors, flottent dans les plis de leurs drapeaux, et notre imagination s'emporte à leur suite vers tout ce que Dieu nous a donné, vers tout ce qu'il devrait nous rendre.

Ah ! la guerre ! La voilà presque.

Tant de bataillons, tant de canons, tant d'armes qui fascinent nos yeux, nous en donnent déjà le vertige. Sous le soleil plus ardent nous souhaitons plus de mouvement encore, plus de vitesse, plus de violence, et justement un grand nuage de poussière s'élève à notre droite, impénétrable et haut comme le tourbillon d'un ouragan.

La musique de l'infanterie de marine, qui a pris la place des précédentes, attaque un chant rapide, entrecoupé par saccades de notes aiguës comme les cris des femmes dans les mêlées des barbares, et des escadrons d'artillerie légère s'élancent au grand trot de ce nuage vers des ennemis invisibles, enlevant comme des plumes leurs canons, qui tressautent sans cesse d'être côte à côte; ils se suivent à courts intervalles, ils disparaissent et la poussière d'où ils sont sortis s'épaissit encore. Des chasseurs bleus s'en échappent et bondissent, le sabre au clair, sur leurs chevaux aux jambes repliées, enlevés au-dessus de la terre : ce sont des vols de faucons qui passent, déjà penchés en avant, comme si des troupes incertaines, rompues par l'artillerie, leur présentaient des ouvertures béantes.

Enfin, la nuée crève en une tempête d'éclairs, en trombes d'hommes casqués, empanachés, tout droits sur des chevaux superbes qui s'allongent ventre à terre. C'est la charge des dragons. « Hurrah, les beaux hommes ! Hurrah, les pointes de sabres tendus raide, prêts à percer ! Hurrah la furia des vieux jours ! Vive l'armée ! Vive Carnot ! »

Je n'entends que cela proféré par mille voix

dans une acclamation haute, vibrante, une sorte
de cri surhumain poussé par un peuple , cri
d'union et d'espoir sans aucun mélange de voix
discordantes, tandis que le Président monte dans
sa voiture avec M. de Freycinet, traverse lente-
ment la plaine, précédé d'un escadron du 12ᵉ
chasseurs, suivi de plusieurs autres équipages,
escorté par tous les officiers étrangers, salué
de tous côtés avec une grâce presque reconnais-
sante, et se laisse enfin emporter tête nue, le
corps légèrement renversé, le bras tombant.

En un quart d'heure, tout est fini, 140,000
hommes s'écoulent en cascades par tous les crans
du plateau. Il en reste 10,000 qui se groupent en
familles et déjeunent au grand air, d'un peu de
pain, de viande froide et de cidre qu'ils ont
apporté. Ils se répètent ce qu'ils ont vu ; ils rient
et jouent dans la liberté de la campagne; mais
ils ne chantent pas, et ne se moquent pas d'eux-
mêmes : ils gardent dans cette kermesse patriotique
la bonne tenue habituelle de leur race, et je
m'attarde au milieu d'eux, notant les réflexions
prudentes, les sentiments nobles, négligeant le
reste, infiniment heureux en somme, de ne me
heurter à rien qui me froisse dans ce jour sacré

Puis je m'en vais seul, entre les herbages verts ombragés de pommiers, contournant les ravins boisés qui s'ouvrent sur la vallée de la Seine. D'un côté, la plaine est redevenue déserte: de l'autre, des massifs de jeunes chênes, de hêtres et d'arbres à fruit enveloppent Celloville et Belbeuf de leur verdure dorée par l'après-midi.

Je passe devant de grandes cours de fermes où de hauts chevaux de trait pomponnés de bleu et de rouge sont dételés près de leurs charrettes vides devant des mares bordées de velours vert, devant des maisonnettes basses, reluisantes d'ustensiles de cuivre et de faïences bleues, tout au fond de jardins étroits ou foisonnent les roses et les pétunias multicolores baisés par les derniers papillons de la saison, devant des grilles bourgeoises à travers lesquelles j'aperçois des enfants qui jouent sur le gazon au pied d'une touffe de roseaux argentés, une femme qui déroule une broderie, un homme qui lit, étendu sur une chaise longue, dans toute la béatitude que peuvent donner le beau temps et la fortune, et j'arrive au domaine de Belbeuf, la seule propriété qui ne soit pas close dans ce pays fermé. Il est tout juste

gardé par une troupe de petits gars roses qui
gambadent au pied d'un arbre.

Là sont des pelouses tachées d'ombre sur
lesquelles des vaches rousses étalent leurs larges
flancs, des chênes et des hêtres dont le soleil ne
perce plus le feuillage depuis un siècle, un château
du temps de Louis XV, dont les fenêtres ouvertes
laissent voir les salons élevés, faits pour recevoir
les portraits en pied des ancêtres, des avenues
très larges qui se dirigent comme les rayons d'une
étoile vers des espaces lumineux et vides; car
nous sommes au bout d'un promontoire. Je
m'avance dans la plus belle, entre deux colonnades
blanches de hêtres énormes, sur un tissu d'herbes
fines, de fleurettes jaunes et de bruyères violettes,
plus épais et plus souple que les plus riches tapis
de l'Asie, et je vais à pas lents vers le tableau du
fond dont les contours s'estompent peu à peu dans
le ciel. Une flèche s'élance du milieu d'un cirque
immense, et subitement Rouen m'apparaît avec
ses faubourgs et ses campagnes. Je m'asseois sur
un banc, et j'étends ma vue sur ce panorama
superbe qui n'a guère de rivaux dans le monde.

Une suite de collines, vaporeuses et tachetées
de blanc, tourne en demi-cercle sur une longueur

de je ne sais combien de lieues, comme la bordure
d'un écrin dont la cuvette est verte et le couvercle
d'un bleu pâle, et au milieu de cet écrin, un peu
sur la droite, depuis le pied de la colline la plus
blanche jusqu'aux prairies d'émeraude et même
au-delà, s'étend la ville indéfinie vers laquelle
glisse d'un cours égal la Seine nacrée, parsemée
d'îles qui semblent des vaisseaux à l'ancre avec
leurs proues hautes et leurs mâts. Le cœur est
une cathédrale grande comme un temple de
l'Egypte et plus haute que les Pyramides,
commencée quand la Normandie donnait des rois
à l'Angleterre et à la Sicile. A côté, Saint-Ouen
dresse sa tour de dentelle, Saint-Maclou étale
son portail ciselé par Jean Goujon, le Palais-de-
Justice fourmille d'ogives merveilleuses, souvenir
des Ango, souvenir du temps où nous donnions
un pilote à Christophe Colomb, et où nous dispu-
tions aux Portugais la route des Indes. Tout
autour, le commerce et l'industrie modernes ont
accumulé tant de magasins, et fait sortir du sol
tant d'usines, que le large fleuve y disparaît en
se courbant comme englouti.

La rive gauche est aux filateurs, aux fabricants
de tissus et de produits chimiques, à tous les

industriels qui travaillent à vêtir une partie
du globe : leurs quartiers noirs, hérissés de
cheminées, fument comme des volcans jusqu'à la
lisière des forêts lointaines qui se noient dans la
brume.

La rive droite est aux marchands qui distribuent
leurs cotonnades blanches et bleues dans toutes
les villes de l'Europe, aux fonctionnaires qui les
conseillent et les protègent, aux prêtres et aux
lettrés, aux soldats et aux artistes, aux rentiers
qui se reposent dans leurs maisons de briques sur
le penchant des côtes ensoleillées. Elles se multi-
plient à mes yeux, ces usines isolées ou rangées
en file, grandes et petites, les unes faites pour
200 ouvriers, les autres pour 1,000 et pour
3,000, ruches noires dans lesquelles je plonge,
fumerolles lointaines que j'entrevois ; les maisons
de campagne sont aussi innombrables, semées
tout le long de la Seine dans d'épais ombrages,
agglomérées là-bas dans des vallées bleuâtres,
isolées sur des caps, comme ce château de
Canteleu qui s'adosse à une forêt dans une majesté
princière ; et tout cela est traversé en tout sens
par des voies de terre, coupé par quatre voies de
fer, sillonné par une voie d'eau incomparable,

qui devient, à partir du pont Boïeldieu, le chemin
de l'Amérique.

Je n'aurais qu'un pas à faire de côté pour voir
plus encore les fabriques d'Oissel, la fumée
éternelle qui plane sur Elbœuf, et il m'est aisé de
deviner, derrière les vapeurs du Nord-Ouest, les
pâturages humides de la Risle et de la vallée d'Auge
qui répondent aux céréales du pays de Boos.

O Rouen ! O mon pays ! si grand dans le passé,
si prospère maintenant, vigoureux et puissant
sous tant de formes, terre ensanglantée dans les
guerres anglaises, sanctifiée par Jeanne d'Arc,
patrie de Corneille, aujourd'hui resplendissante,
exubérante, enviée, si jamais la trompette sonne,
si jamais le jour se lève, le jour suprême de la
défense légitime et désespérée, comme ta part d'honneur sera belle, quels sacrifices seront les tiens !

Quelle province de France pourra jeter autant
de gloire et de richesse que toi, d'un seul coup,
dans la balance du destin ?

ACHEVÉ D'IMPRIMER

LE VINGT-DEUX DÉCEMBRE MIL HUIT CENT QUATRE-VINGT-HUIT

PAR

PAUL LEPRÊTRE

IMPRIMEUR

75, RUE DE LA VICOMTÉ, 75

ROUEN

www.ingramcontent.com/pod-product-compliance
Lightning Source LLC
Chambersburg PA
CBHW072028290326
41934CB00011BA/2940